BEI GRIN MACHT SICH IHR WISSEN BEZAHLT

- Wir veröffentlichen Ihre Hausarbeit, Bachelor- und Masterarbeit

- Ihr eigenes eBook und Buch - weltweit in allen wichtigen Shops

- Verdienen Sie an jedem Verkauf

Jetzt bei www.GRIN.com hochladen und kostenlos publizieren

Die Effektivität des Dualen Ausbildungssystems. Eine Untersuchung zur Lernortkooperation im Beruf Elektroniker*in für Geräte und Systeme

Bibliografische Information der Deutschen Nationalbibliothek:

Die Deutsche Nationalbibliothek verzeichnet diese Publikation in der Deutschen Nationalbibliografie; detaillierte bibliografische Daten sind im Internet über http://dnb.d-nb.de abrufbar.

ISBN: 9783346879653
Dieses Buch ist auch als E-Book erhältlich.

© GRIN Publishing GmbH
Trappentreustraße 1
80339 München

Alle Rechte vorbehalten

Druck und Bindung: Books on Demand GmbH, Norderstedt Germany
Gedruckt auf säurefreiem Papier aus verantwortungsvollen Quellen

Das vorliegende Werk wurde sorgfältig erarbeitet. Dennoch übernehmen Autoren und Verlag für die Richtigkeit von Angaben, Hinweisen, Links und Ratschlägen sowie eventuelle Druckfehler keine Haftung.

Das Buch bei GRIN: https://www.grin.com/document/1359881

Europa-Universität Flensburg

Berufsbildungsinstitut Arbeit und Technik

Herbstsemester 2021/22

Entwicklung von Arbeit, Technik und Berufsbildung im Berufsfeld Elektrotechnik

Hausarbeit zum Thema:

Möglichkeiten der Lernortkooperation im Ausbildungsberuf

Elektroniker*in für Geräte und Systeme

15.02.2022

Inhaltsverzeichnis

1. Einleitung, Fragestellung und Motivation 1
2. Lernortkooperation 1
2.1 Geschichte der Lernortkooperation 1
2.2 Lernortkooperation Forschungsstand 2
3. Ordnungsmittel 5
3.1 Rahmenlehrplan 6
3.2 Ausbildungsverordnung 7
4. Vergleich der Ordnungsmittel für den Beruf Elektroniker*in für Geräte und Systeme 11
5. Reflektion und Ausblick 13
Literaturverzeichnis 14

1. Einleitung, Fragestellung und Motivation

Ist das Duale Ausbildungssystem so gut, wie es überall behauptet wird? In dieser Hausarbeit zum Thema: Möglichkeiten der Lernortkooperation im Ausbildungsberuf Elektroniker*in für Geräte und Systeme geht es um die betrieblichen und schulischen Ordnungsmittel und es wird überprüft, ob die zeitliche und die inhaltliche Gliederung für eine Lernortkooperation genügen. Dabei werden der aktuelle Forschungsstand und die historische Entwicklung zur Lernortkooperation dargestellt, sowie anschließend die Ordnungsmittel systematisch verglichen. Abschließend wird die Fragestellung reflektiert und ein Ausblick gegeben.

2. Lernortkooperation

Die Lernortkooperation ist die Kooperation zwischen der Berufsschule, dem betrieblichen Lernort und den überbetrieblichen Lernorten, wie zum Beispiel die Ausbildungszentren der Kammern, in der dualen Berufsausbildung. In diesem Kapitel wird auf die Lernortkooperation zwischen Berufsschule und dem betrieblichen Lernort eingegangen.

2.1 Geschichte der Lernortkooperation

Die Anfänge der dualen Ausbildung und der damit verbundenen Lernortkooperation entstand etwa 1920. In diesem Jahr erging von der Reichsschulkonferenz an die Berufsschulen ein Bildungsauftrag in der Berufsausbildung. In der Wahrnehmung der betrieblichen Seite der Ausbildung hatten die Ausbildungsziele eine höhere Priorität, als die Bildungsziele der Berufsschule. In den Jahren danach entwickelte sich die Berufsschule von einer Pflichtfortbildungsschule, die im Endeffekt eine weiterführende Volksschule war, zu einer Schule, die sich an dem jeweiligen aktuellen Stand der Technologie orientierte, um die Schüler*innen bestmöglich auf die Arbeitswelt vorzubereiten. (vgl. Faßhauer 2020,S. 474) Im Laufe der Zeit hat sich die Sicht auf die Lernortkooperation verändert. Bis Mitte der 60er Jahre wurden die beiden Lernorte didaktisch und lehrmethodisch getrennt, so dass der Betrieb inhaltlich und zeitlich für die Praxis zuständig war und die Berufsschule für die Theorie. Damals wurde die Lernortkooperation als Bemühen der Abstimmung der Lernorte bezüglich der Ausbildungsinhalte gehandhabt. Ab Ende der 60er

Jahre entstanden Versuche, eine systematische Kooperation einzuführen, indem Lehrinhalte der Betriebe und der Berufsschule aufeinander aufgebaut wurden. Ende der 70er Jahre hat das Bundesinstitut für Berufsbildung (BIBB) eine Untersuchung zum Erfolg der systematischen Lernortkooperation in dieser Zeit durchgeführt und kam zu dem Schluss, dass den Ausbilder*innen die enge Kooperation zwischen den Lernorten wichtig sei, diese aber nicht gut umgesetzt werde. Sie erhalten zu wenige Informationen über den Berufsschulunterricht, andererseits gehen sie diesen Informationen nicht aktiv genug nach. (vgl. Euler 1999, S. 250 f.)

2.2 Lernortkooperation Forschungsstand

In der Theorie sollten die beiden Lernorte gleichberechtigt sein, sind es in der Praxis aber nicht, da Abschlussprüfungen durch die Kammern durchgeführt werden, also durch die Seite der Betriebe. Die in der Berufsschule erzielten Leistungen fließen in den meisten Bundesländern nicht mit in die Abschlussprüfung ein. Außerdem stellen die Betriebe die Auszubildenden ein und können dann entscheiden, an welcher Berufsschule sie anschließen unterrichtet werden, ohne dass die Berufsschule ein Mitspracherecht hat. Damit eine funktionierende Lernortkooperation stattfindet, ist meistens die Berufsschule in der Verantwortung. (vgl. Faßhauer 2020, S. 472) Eine Befragung von 6000 Auszubildenden im Jahre 2008 vom Bundesinstitut für Berufliche Bildung hat ergeben, dass die Lernortkooperation beidseitig kaum funktioniert, da in der Berufsschule vermittelte Inhalte kaum praktisch im Unternehmen angewendet werden. Weiterhin werden die praktischen Tätigkeiten im Unternehmen kaum behandelt, beziehungsweise reflektiert. Moniert wird auch, dass Lernortübergreifende Projekte kaum stattfinden. In einer Studie in den 90er Jahren gaben Lehrer*innen und Ausbilder*innen, die regelmäßigen Kontakt mit dem jeweils anderen Lernort haben, an, dass dieses aus pragmatischen Beweggründen passiert. (vgl. Eder & Koschmann 2011, S. 4 f.) Laut einer Studie des BIBB und einer Umfrage vom Institut der deutschen Wirtschaft aus dem Jahr 1992 stellte sich heraus, dass eine funktionierende Lernortkooperation von dem Ausbilder*innen und den Lehrer*innen zwar gewünscht sei, aber die beiden Seiten mit der fehlenden Kooperation arbeiten könnten. Sie stelle kein Problem dar und müsste nicht unbedingt verändert werden. Eine empirische Studie von Berger/ Walden aus dem Jahr 1995 hat ergeben, dass Betriebe mit kleinen Ausbildungsbereichen weniger Interesse an einer Lernortkooperation haben, als Betriebe mit größeren Ausbildungsbereichen. Bei erstgenannten Unternehmen ist das didaktisch methodische Kooperationsverständnis kaum vorhanden, sondern eher das pragmatisch formale Kooperationsverständnis. (vgl. Euler 1998, S. 95)

Es existieren vier verschiedene Ansätze zum Kooperationsverständnis, die folgend erläutert werden. Beim pragmatisch-formalen Kooperationsverständnis findet der Kontakt zu bestimmten Anlässen statt, zum Beispiel zum Verhalten oder der Leistung von Auszubildenden oder der Orientierung zu prüfungsrelevanten Zielen. Der Kontakt besteht zwischen Ausbilder*in und Lehrkraft.

Des Weiteren existiert das pragmatisch-utilitaristische Kooperationsverständnis, bei dem Probleme und Aufgaben diskutiert werden und es gegenseitige Unterstützung gibt, zum Beispiel durch Weitergabe von Fachwissen oder methodischen Konzepten. Die Zusammenarbeit wird hier durch einseitigen Bedarf initiiert. (vgl. Pätzold 2003, S. 76) (vgl. Faßhauer 2020, S. 475)

Bei dem didaktisch-methodischen Kooperationsverständnis besteht der Kontakt durch Gespräche über didaktisches Vorgehen in der eigenen Praxis. Diese werden anhand der Rahmen- und Ausbildungspläne oder als Folge aus vergangenen Problemen entschieden. Diese Entscheidungen sind auf den gesamten Ausbildungsprozess bezogen und nicht nur auf einzelne Situationen. Ausbildungsinhalte werden angepasst, damit diese Bezüge zu dem jeweils anderen Lernort aufweisen. (vgl. Pätzold 2003, S. 76) (vgl. Faßhauer 2020, S. 475)

Abschließend ist bei dem bildungstheoretisch begründeten Kooperationsverständnis die ständige Selbstreflexion der Lernorte im Bezug auf die Lernortkooperation das Ziel. Ein Beispiel ist die gemeinsame Arbeit an Lernfeldern. (vgl. Pätzold 2003, S. 76) (vgl. Faßhauer 2020, S. 475)

Das pragmatisch-formale und das pragmatisch-utilitaristische Kooperationsverständnis sind in der Praxis stark vertreten, wobei das didaktisch-methodische und bildungstheoretisch begründete Kooperationsverständnis für eine berufspädagogisch orientierte Lernortkooperation wichtiger sind. (vgl. Pätzold 2003, S. 76)

Laut Evaluations- und Forschungsstudien existieren drei aufeinander aufbauende Intensitätsstufen. In der ersten Stufe werden nur Informationen an den anderen Lernort weitergegeben, wobei diese Kommunikation nur anlassbezogen und kurzfristig ist. Diese Intensitätsstufe ist ähnlich zu dem pragmatisch-formalen Kooperationsverständnis und wird in der Praxis sehr häufig angewendet. Die nächsthöhere Intensitätsstufe ist das Abstimmen und Koordinieren zu Ausbildungsthemen und Lernfeldern. Bereits vorgegebene Rahmenbedingungen und Zeitstrukturen der Lernorte werden nicht verändert. Die höchste Intensitätsstufe ist das Zusammenwirken und Kooperieren. Die Lehrkräfte und das betriebliche Ausbildungspersonal arbeiten über längere Zeit zusammen an Projekten oder Aktivitäten, die auf die gesamte Ausbildung abgestimmt sind. (vgl. Faßhauer 2020, S. 475 f.)

Ein weiterer Ansatz ist die school-workplace connectivity, bei dem die Auszubildenden die Brücke zwischen den Lernorten Betrieb und Berufsschule bilden, da diese sich abwechselnd an diesen beiden Lernorten befinden. Die beiden Lernorte haben durch die curricularen Vorgaben der Ordnungsmittel nur wenige Anforderungen der Lernortkooperation durchzuführen. Diese ist aber wichtig, um Erfahrungslernen und systematisches Fachwissen zu verknüpfen. Es sind Lehr-Lern-Kontexte notwendig, die auf das Ganze orientiert sind, damit die Lernorte die Auszubildenden unterstützen zu können. (vgl. Faßhauer 2020, S. 475 f.)

Eine andere Sichtweise ist, dass eine funktionierende Lernortkooperation erfolgreich sei, wenn keine Kooperation notwendig ist. Berufsschullehrer*innen müssten mit vielen Betrieben kooperieren, da in Handwerksklassen teilweise jede*r Auszubildende*r in einem anderen Betrieb ausgebildet wird und eine Lernortkooperation dadurch schwer durchzuführen sei. (vgl. Zlatkin-Troitschanskaia 2005, S. 1 f.) Weitere Hemmfaktoren für eine funktionierende Lernortkooperation sind, dass die Mehrheit der Lehrkräfte und Ausbilder*innen bislang kaum praktische Erfahrungen in didaktisch-methodisch fokussierten Bildungsgangarbeit in lernortübergreifender Kooperation haben und das Ausbilder*innen in kleineren Betrieben nicht hauptamtlich agieren, so dass sie die meiste Zeit in Produktionsprozessen eingespannt sind. Sie haben meist keine Zeit für eine Kooperation im didaktisch-methodischen Verständnis. Die meisten Lehrkräfte geben an, dass sie auch keine Zeit für eine ausführlichere Kooperation hätten und viele Ausbilder*innen nicht die nötigen pädagogischen Kompetenzen besitzen. Auf der anderen Seite haben laut Ausbilder*innen die Lehrkräfte zu wenig bzw. keine Kenntnisse von betrieblichen Abläufen und sind kaum telefonisch erreichbar. (vgl. Eder & Koschmann 2011, S. 5 f.)

In Untersuchungen wurde herausgefunden, dass kaum von einer Lernortkooperation gesprochen werden kann. Die Kooperation findet nur mit dem Ziel statt, eine Brücke zwischen den Interessen der Lernorte herzustellen. (vgl. Zlatkin-Troitschanskaia 2005, S. 19)

Zusammenfassend findet die Lernortkooperation momentan nicht so statt, wie sie von Lehrkräften und Ausbilder*innen gewünscht ist. Beide Lernorte sehen als Hauptproblem für eine nicht funktionierende Lernortkooperation den Zeitmangel und die fehlenden Kompetenzen des jeweils anderen Lernorts. Deswegen ist der momentane Stand eine Kooperation mit pragmatisch-formalen Kooperationsverständnis, die unregelmäßig über die Intensivitätsstufe der Information hinaus durchgeführt wird. Aufgrund des Zeitmangels von Lehrer*innen und Ausbilder*innen wäre es für die Lernortkooperation förderlich, wenn beide Seiten von dem jeweiligen Arbeitgeber mehr Zeit für die Kooperation zur Verfügung gestellt würden. Dann wäre genügend Zeit zur Verfügung, um eine Kooperation im didaktisch-methodisch und bildungstheoretisch begründete Kooperationsverständnis durchzuführen. Das würde dazu führen, dass die fehlenden Erfahrungen in der Lernortkooperation gewonnen werden können.

3. Ordnungsmittel

Es existieren in der Dualen Ausbildung zwei Ordnungsmittel. Auf der einen Seite richten sich die Berufsschulen an den von der Ständigen Konferenz der Kultusminister und -senatoren der Länder (KMK) beschlossenen Rahmenlehrplan aus und auf der anderen Seite orientieren sich die Ausbildungsbetriebe an der Ausbildungsverordnung des Bundesministeriums für Wirtschaft und Energie.

Die Ordnungsmittel geben das Mindestmaß der Inhalte und Ziele der Ausbildung an und gewährleisten damit die Qualität der Ausbildung. Auszubildende können mit dem Abschluss der Ausbildung vorweisen, welche Qualifikationen sie erworben haben um sich damit in der Arbeitswelt zu positionieren. Das ist wichtig, damit Auszubildende eine eigene berufliche Identität entwickeln können. Außerdem können Kompetenzüberschneidungen zu anderen Ausbildungen und Berufen dargelegt werden. (vgl. Büchter 2014, S.204)

3.1 Rahmenlehrplan

Der Rahmenlehrplan wird von der KMK beschlossen und muss von den Ländern übernommen werden. Falls der Plan von einem Land geändert werden sollte, dann müssten mindestens die gegebenen Anforderungen erfüllt werden. Laut dem Rahmenlehrplan hat die Berufsschule das Ziel, den Auszubildenden die Fähigkeit zum Ausführen des Berufs zu vermitteln, die Fachkompetenz mit den humanen und sozialen Fähigkeit zu verbinden, die Bereitschaft zur beruflichen Fort- und Weiterbildung zu wecken, sowie die Auszubildenden in den Fähigkeiten zum verantwortungsbewussten Handeln im privaten und öffentlichen Leben zu stärken. Dafür muss die Berufsschule den Unterricht handlungsorientiert gestalten und dabei berufliche Spezialisierung und berufs- und berufsfeldübergreifende Qualifikationen einfließen lassen. Um die Ziele bei Auszubildenden mit verschiedenen Persönlichkeiten, Begabungen und Fähigkeiten erreichen zu können, muss das Bildungsangebot flexibel sein. Außerdem ist Flexibilität wichtig, um die Auszubildenden auf die Arbeitswelt und Gesellschaft vorzubereiten. Menschen mit Beeinträchtigungen müssen unterstützt und gefördert werden. Des Weiteren soll der Berufsschulunterricht präventiv sein, um Unfälle und Umweltbedrohungen in der Arbeitswelt, wie auch im privaten Leben zu vermeiden, beziehungsweise zu vermindern. Darüber hinaus sollen aktuelle Probleme thematisch in den Unterricht einfließen, wie zum Beispiel Arbeitslosigkeit, das friedliche Zusammenleben von Menschen, die Erhaltung der natürlichen Lebensgrundlage und die Gewährleistung von Menschenrechten. Aufgabe der Berufsschule ist die Entwicklung verschiedener grundlegender Kompetenzen durch die Auszubildenden. Entwickelt werden sollen Fachkompetenz, Personalkompetenz, Sozialkompetenz und Methoden- und Lernkompetenz.

Wie bereits erwähnt wird ein handlungsorientier Unterricht benötigt, damit die Auszubildenden berufsbezogene Aufgaben selbstständig planen, durchführen und beurteilen können. Es existieren verschiedene Möglichkeiten zur Umsetzung des handlungsorientierten Unterrichtes.

Im Rahmenlehrplan sind die berufsschulischen Ausbildungsthemen in Lernfeldern zusammengefasst. Dabei orientieren sich die Lernfelder an beruflichen Arbeits- und betrieblichen Geschäftsprozessen. Bei der Umsetzung der Lernfelder sind das kundenorientierte Berufshandeln und die Auftragsabwicklung ausdrücklich zu integrieren. Außerdem sollen berufstypische Aufgabenstellungen auftrags- und projektorientiert in Kooperation mit dem Ausbildungsbetrieb durchgeführt werden, um die Qualifikation bestens vermitteln zu können.

Die schulischen Ausbildungsinhalte für den Ausbildungsberuf Elektroniker*in für Geräte und Systeme werden in 13 Lernfelder eingeteilt. Dabei sind die ersten 4 Lernfelder, die sich auf das ganze erste Ausbildungsjahr strecken, in allen Elektroberufen gleich, so dass eine gemeinsame Beschulung in diesem Zeitraum möglich ist. Im zweiten Ausbildungsjahr werden die Lernfelder 5 bis 8, im dritten Ausbildungsjahr die Lernfelder 9 bis 11 und im vierten Ausbildungsjahr die Lernfelder 12 und 13 unterrichtet. In der Summe ergeben alle 13 Lernfelder eine Zeit von 1020 Stunden. (vgl. BIBB Rahmenlehrplan Elektroniker/-in für Geräte und Systeme)

3.2 Ausbildungsverordnung

In der Ausbildungsverordnung stehen die Vorgaben an den Ausbildungsbetrieb, der den Beruf ausbildet. Zuerst sind alle Vorgaben, die für alle Berufsausbildungen in den industriellen Elektroberufen gelten, in der Verordnung aufgelistet. Dazu gehören sowohl die Ausbildungsdauer, wie auch die Struktur und Zielsetzung der Berufsausbildung, der Ausbildungsplan und die Abschlussprüfung. Darauf folgen die Vorschriften für die einzelnen Ausbildungsberufe. Das Ausbildungsberufsbild, der Ausbildungsrahmenplan und die Abschlussprüfung Teil 1 und Teil 2 werden erläutert.

Die Ausbildung zum Elektroniker*in für Geräte und Systeme dauert 3 Jahre. Das Ausbildungsberufsbild hat folgende 18 Berufsbildpositionen, beziehungsweise Qualifikationen, die mindestens vermittelt werden müssen. Qualifikationen sind die Berufsbildung, Arbeits- und Tarifrecht, Aufbau und Organisation des Ausbildungsbetriebes, Sicherheit und Gesundheitsschutz bei der Arbeit, Umweltschutz, Digitalisierung der Arbeit, Datenschutz und Informationssicherheit, Betriebliche und technische Kommunikation, Planen und Organisieren der Arbeit, Bewerten der Arbeitsergebnisse, Montieren und Anschließen elektrischer Betriebsmittel, Messen und Analysieren von elektrischen Funktionen und Systemen, Beurteilen der Sicherheit von elektrischen Anlagen und Betriebsmitteln, Installieren und Konfigurieren von IT-Systemen, Beraten und Betreuen von Kunden, Erbringen von Serviceleistungen, Technische Auftragsanalyse, Lösungsentwicklung, Fertigen von Komponenten und Geräten, Herstellen und Inbetriebnehmen von Geräten und Systemen, Einrichten, Überwachen und Instandhalten von Fertigungs- und Prüfeinrichtungen, Technischer Service und Produktsupport, Geschäftsprozesse und Qualitätsmanagement im Einsatzgebiet.

Die genannten Qualifikationen müssen entweder an Informations- und kommunikationstechnischen Geräten, Medizinischen Geräten, Automotive-Systeme, Systemkomponenten, Sensoren, Aktoren, Mikrosysteme, Electronic Manufacturing Services oder Mess- und Prüftechnik vertieft werden. Es besteht die Möglichkeit, die genannten Qualifikationen in einem anderen Einsatzgebiet zu vermitteln, falls die Vermittlung in diesem Einsatzgebiet möglich ist.

Die Abschlussprüfung ist in zwei Teile gegliedert. Der erste Teil der Abschlussprüfung findet vor dem Ende des zweiten Ausbildungsjahres statt und der zweite Teil am Ende der Ausbildung. In dem ersten Teil werden sowohl die bis zum Ende des dritten Halbjahres vorgegebenen Qualifikationen überprüft, wie auch der Inhalt des Rahmenlehrplan der Berufsschule bis zu diesem Zeitpunkt. In der Prüfung soll der Auszubildende innerhalb von acht Stunden an einer Komponente oder einem Gerät:

1. technische Unterlagen auswerten, technische Parameter bestimmen, Arbeitsabläufe planen und abstimmen, Material und Werkzeug disponieren,

2. Komponenten montieren, demontieren, verdrahten, verbinden und konfigurieren, Sicherheitsregeln, Unfallverhütungsvorschriften und Umweltschutzbestimmungen einhalten,
3. die Sicherheit von elektrischen Anlagen und Betriebsmitteln beurteilen, elektrische Schutzmaßnahmen prüfen,
4. elektrische Systeme analysieren und Funktionen prüfen, Fehler suchen und beseitigen,
5. Produkte in Betrieb nehmen, übergeben und erläutern, Auftragsdurchführung dokumentieren und technische Unterlagen, einschließlich Prüfprotokolle erstellen.

Zusätzlich zu der Arbeitsaufgabe muss der Prüfling ein zehnminütiges situatives Prüfungsgespräch führen und schriftliche Aufgabenstellungen in neunzig Minuten bearbeiten.

In dem zweiten Teil der Abschlussprüfung können alle in der Ausbildung gelehrten Qualifikationen geprüft werden. Dabei wird die Abschlussprüfung in vier Prüfungsbereiche eingeteilt.

Der Prüfungsbereich Arbeitsauftrag umfasst den praktischen Teil der Prüfung, bei dem der Ausbildungsbetrieb auswählt, ob der Auszubildende einen betrieblichen Auftrag innerhalb von 20 Stunden durchführt, dokumentiert und anschließend ein dreißig minütiges Fachgespräch führt oder innerhalb von vierzehn Stunden eine praktische Arbeitsaufgabe vorbereitet, durchführt und nachbereitet, mit einem anschließenden zwanzig minütigen Fachgespräch. Die Durchführung des Arbeitsauftrages beträgt sechs Stunden. In der gewählten Prüfungsform muss der Auszubildende Arbeitsaufträge analysieren, Informationen aus Unterlagen beschaffen, technische und organisatorische Schnittstellen klären, Lösungsvarianten unter technischen, betriebswirtschaftlichen und ökologischen Gesichtspunkten bewerten und auswählen. Außerdem muss er Auftragsabläufe planen und abstimmen, Teilaufgaben festlegen, Planungsunterlage erstellen, Arbeitsabläufe und Zuständigkeiten am Einsatzort berücksichtigen, sowie Aufträge durchführen, Funktion und Sicherheit prüfen und dokumentieren, Normen und Spezifikationen zur Qualität und Sicherheit der Produkte beachten, Ursachen von Fehlern und Mängeln systematisch suchen und beheben. Weiterhin müssen Produkte frei- und übergeben, Fachauskünfte, auch unter Verwendung englische Fachausdrücke, erteilt, Abnahmeprotokolle angefertigt, Arbeitsergebnisse und Leistungen dokumentiert und bewertet, Leistungen abgerechnet und Geräte oder Systemdaten und -unterlagen dokumentiert werden.

Im Prüfungsteil Systementwurf müssen innerhalb von zwei Stunden Änderungen in einem Gerät oder System vorgenommen werden und der dazugehörige Fertigungsablauf entworfen werden. Der/die Auszubildende soll technische Problemanalysen durchführen können, unter Berücksichtigung von Vorschriften und technischen Regelwerken Lösungskonzepte für konstruktiven Aufbau entwickeln, mechanische, elektrische und elektronische Komponenten auswählen, sowie Schaltungs- und fertigungstechnische Unterlagen anpassen.

Im Prüfungsteil Funktions- und Systemanalyse soll der/die Auszubildende innerhalb von zwei Stunden ein elektronisches Gerät oder System analysieren. Der Prüfling muss dabei technische Unterlagen verstehen können, die teilweise in Englisch sind. Außerdem muss er Zusammenhänge von Funktionsgruppen einschließlich integrierter Softwaremodule analysieren, sowie Signale zuordnen und Fehlerursachen finden können.

Im Prüfungsteil Wirtschafts- und Sozialkunde hat der/die Auszubildende 60 Minuten Zeit, um praxisbezogene handlungsorientierte Aufgaben zu bearbeiten. Er/sie muss dabei allgemeine wirtschaftliche und gesellschaftliche Zusammenhänge der Berufs- und Arbeitswelt darstellen und beurteilen können.

Die Abschlussprüfung Teil 1 ist mit 40% und die Abschlussprüfung Teil 2 ist mit 60% gewichtet. In der Abschlussprüfung Teil 2 wird der praktische Prüfungsteil Arbeitsauftrag mit 50%, die Prüfungsteile Systementwurf als auch Funktions- und Systemanalyse mit jeweils 20% und Wirtschafts- und Sozialkunde mit 10% gewichtet.

Auszubildende haben die Abschlussprüfung bestanden, wenn sowohl im Gesamtergebnis, sowie im Prüfungsteil Arbeitsauftrag und in dem Gesamtergebnis der Prüfungsteile Systementwurf, Funktions- und Systemanalyse und Wirtschafts- und Sozialkunde mindestens die Note 4 erreicht wurde.

Die Ausbildungsverordnung wurde 2018 erneuert. Es wurden die neuen Berufsbildpositionen Digitalisierung der Arbeit, Datenschutz und Informationssicherheit hinzugefügt und einzelne Berufsbildpositionen geändert. Des Weiteren wurden in den industriellen Elektroberufen die drei Zusatzqualifikationen Programmierung, IT-Sicherheit und Digitale Vernetzung ergänzt. Die Zusatzqualifikationen sind für die Auszubildenden optional und sind frei wählbar, sodass auch alle drei Zusatzqualifikationen gewählt werden können. In der Abschlussprüfung Teil zwei werden die Zusatzqualifikationen extra geprüft. Dabei sollen Auszubildende eine praxisbezogene Aufgabe bearbeiten und dokumentieren. Anschließend wird ein zwanzig minütiges fallbezogenes Fachgespräch laut dem BIBB durchgeführt.

Die Qualifikationen bzw. Berufsbildpositionen werden in dem Ausbildungsrahmenplan in 11 Zeitrahmen eingeteilt, die sich auf die ganze Ausbildungsdauer erstrecken. Dabei werden die Zeitrahmen 1,2,3 und 4 im 1. Ausbildungsjahr behandelt. Die Zeitrahmen 5 und 6 gehören in das 1. Halbjahr des 2. Ausbildungsjahres, sodass die Zeitrahmen 1 bis 6 in der Abschlussprüfung Teil 1 geprüft werden. Die Zeitrahmen 7 und 8 werden dann in der zweiten Hälfte des 2. Ausbildungsjahres behandelt und abschließend sind die Zeitrahmen 9, 10 und 11 dem 3. und 4. Ausbildungsjahr zugeordnet. In den einzelnen Zeitrahmen sind zusätzlich zu den bereits genannt die Bildpositionen die Kern- und Fachqualifikationen genannt, die zu vermitteln sind, unter Einbeziehung selbstständigen Planens, Durchführens und Kontrollierens. Außerdem ist eine Zeitvorgabe für die jeweiligen Zeitrahmen angegeben. Der Ausbildungsbetrieb kann sich zwischen den minimalen und den maximalen Angaben bewegen. Er kann aber nicht für jeden Zeitrahmen die maximale Zeit verwenden, da sonst nicht genügend Zeit für die letzten Zeitrahmen bleibt, beziehungsweise für die Abschlussprüfung Teil 1 relevanten Zeitrahmen 5 und 6. (vgl. BIBB Neufassung der VO Berufsausbildung in den industriellen Elektroberufen 2018)

4. Vergleich der Ordnungsmittel für den Beruf Elektroniker*in für Geräte und Systeme

Nachdem nun die Ordnungsmittel des Ausbildungsberuf Elektroniker*in für Geräte und Systeme gezeigt wurde, werden diese in diesem Kapitel anhand der Inhalte verglichen. Es wird überprüft, ob die eine zeitliche inhaltliche Abstimmung möglich ist. Die Abbildung 1 zeigt den zeitlichen und inhaltlichen Vergleich der Zeitrahmen des Ausbildungsrahmenplan und den Lernfeldern des KMK-Rahmenlehrplans. Die Zeitrahmen und Lernfelder, die gleiche Qualifikationen vermitteln sind nebeneinander, so dass zum Beispiel der Zeitrahmen 10: Geräte und Systeme in Stand halten, neben dem Lernfeld 9: Geräte und Systeme in Stand halten, steht. Es ist sichtbar, dass die Zeitrahmen in der Reihenfolge 1 bis 11 behandelt werden. Wie bereits im Kapitel des Rahmenlehrplans beschrieben, werden die Lernfelder des KMK-Rahmenlehrplans der Nummer nach aufsteigend unterrichtet. Sichtbar wird, dass die Reihenfolge der beiden Pläne in der Zeit vor dem 1. Teil der Abschlussprüfung identisch ist. Nach dem 1. Teil der Abschlussprüfung werden die Inhalte dann nicht mehr durchgängig parallel vermittelt. Das Lernfeld 13 in der Berufsschule wird im 4. Ausbildungsjahr vermittelt und der Zeitrahmen 9 beginnt ungefähr zu Beginn des 3. Ausbildungsjahres und endet 3 bis 4 Monate später. In dem Zeitrahmen 9 werden Fertigungs- und Prüfeinrichtungen eingerichtet, überwacht und in Stand gehalten. Die Lernfelder 10 und 11 werden im 3. Ausbildungsjahr behandelt und decken die Themenfelder Fertigungsanlagen und Prüfsysteme einrichten, sowie Prüfsysteme anwenden, ab. Das Themenfeld Fertigungs- und Prüfsysteme in Stand halten wird erst im 4. Ausbildungsjahr behandelt. Dadurch kann der Zeitrahmen 9 und das Lernfeld 13 aus zeitlichen Gründen nicht so vermittelt werden, wie es vorgesehen ist. Falls Auszubildende des Berufes Elektroniker*in für Geräte und Systeme die Ausbildung nach dem 3. Ausbildungsjahr durch eine vorgezogene Abschlussprüfung Teil 2 beenden, kann das Lernfeld 13 nicht mehr behandelt werden, sodass die in diesem Lernfeld vorgesehenen Qualifikationen von der Berufsschule nicht vermittelt werden. In diesem Fall wird zum Thema Fertigungs- und Prüfeinrichtungen in Stand halten, nur der Betrieb Qualifikationen vermitteln können. In dem Fall einer verkürzten Ausbildung kann auch das Lernfeld 12 aus zeitlichen Gründen nicht unterrichtet werden, sodass das Themenfeld nur im Zeitrahmen 11 des Ausbildungsrahmenplans behandelt wird.

Zeitrahmen des Ausbildungsrahmenplans	Lernfelder des KMK-Rahmenlehrplans
1. Baugruppen anpassen und montieren, Schaltungen prüfen — 2 bis 4 Monate	1. Elektrotechnische Systeme analysieren und Funktionen prüfen — 80 Stunden
2. Leitungen und Komponenten auswählen, montieren und anschließen — 1 bis 3 Monate	2. Elektrische Installationen planen und ausführen — 80 Stunden
3. Baugruppen erstellen und prüfen, systematische Fehlersuche durchführen — 3 bis 5 Monate	3. Steuerungen analysieren und anpassen — 80 Stunden
4. IT-Systeme installieren und konfigurieren — 2 bis 4 Monate	4. Informationstechnische Systeme bereitstellen — 80 Stunden
5. Sicherheit von elektrischen Anlagen und Betriebsmitteln beurteilen — 1 bis 3 Monate	5. Elektroenergieversorgung für Geräte und Systeme realisieren und deren Sicherheit gewährleisten — 80 Stunden
6. Komponenten fertigen und prüfen — 3 bis 5 Monate	6. Elektronische Baugruppen von Geräten konzipieren, herstellen und prüfen — 60 Stunden
7. Geräte und Systeme herstellen und prüfen — 3 bis 4 Monate	7. Baugruppen hard- und softwareseitig konfigurieren — 80 Stunden
8. Geräte und Systeme konzipieren und integrieren — 2 bis 3 Monate	8. Geräte herstellen und prüfen — 60 Stunden
9. Fertigungs- und Prüfeinrichtungen einrichten, überwachen und in Stand halten — 3 bis 4 Monate	10. Fertigungsanlagen einrichten — 80 Stunden 11. Prüfsysteme einrichten und anwenden — 100 Stunden 13. Fertigungs- und Prüfsysteme in Stand halten — 60 Stunden
10. Geräte und Systeme in Stand halten — 3 bis 4 Monate	9. Geräte und Systeme in Stand halten — 100 Stunden
11. Geschäftsprozesse und Qualitätsmanagement im Einsatzgebiet — 10 bis 12 Monate	12. Geräte und Systeme planen und realisieren — 80 Stunden

Abbildung 1: Vergleich der Zeitrahmen des Ausbildungsrahmenplans und der Lernfelder des KMK-Rahmenlehrplans (Zentralverband Elektro und Elektronikindustrie 2018, S. 1)

5. Reflektion und Ausblick

Für die spätere Tätigkeit als Lehrer für Berufsbildende Schulen ist die Lernortkooperation zur Vermittlung und Verzahnung bestmöglicher Lernergebnisse der Adressat*innen wichtig und darf nicht nur auf ein Minimum beschränkt werden. Es sollte auf die Ausbildungsbetriebe zugegangen werden, damit diese sich, auch aus eigenem Interesse an bestmöglicher Ausbildungsqualität, bemühen, die Lernortkooperation nicht nur auf dem Intensivitätsniveau der Information zu sehen. So könnten in der Berufsschule wiederkehrende Treffen geplant werden, an denen Ausbildungsverantwortliche der Ausbildungsbetriebe teilnehmen, um gemeinsame Projekte zu besprechen.

Zum zeitlichen Ablauf des Ausbildungsrahmenplans und der Lernfelder des KMK-Rahmenlehrplans sollte das Lernfeld 13 früher unterrichtet werden, damit die zeitliche und inhaltliche Gliederung für eine Lernortkooperation genügen. Dadurch könnten mehr Lernfelder im 3. Ausbildungsjahr unterrichtet werden und weniger im 4. Ausbildungsjahr, wodurch Auszubildende, die die Ausbildung verkürzen würden, am der Vermittlung von mehr Lernfeldern partizipieren könnten.

Literaturverzeichnis

Büchter, Karin (2014): Zum Verhältnis der Ordnungsmittel und Qualitätsinstrumenten in der betrieblichen Ausbildung – In: Fischer, Martin (Hrsg.): Qualität in der Berufsausbildung. Anspruch und Wirklichkeit. Bielefeld Bertelsmann Verlag S.203-227

Eder, Alexandra; Koschmann, Anne (2011): Die Rolle von Lernortkooperation bei der Umsetzung lernfeldorientiertet Lehrpläne an berufsbildenden Schulen in Niedersachen -In: Tramm, Tade; Kremer, H.-Hugo Kremer, Tenberg, Ralf (Hrsg.): Berufs- und Wirtschaftspädagogik. Ausgabe Nr. 20

Euler, Dieter (1998): Modernisierung des dualen Systems. Problembereiche, Reformvorschläge, Konsen- und Dissenslinien. Bonn: Bund-Länder-Kommission Heft 62

Euler, Dieter (1999): Lernortkooperation in der beruflichen Bildung. Stand und Perspektive aus Sicht wirtschaftspädagogischer Forschung. In: Harney, Klaus (Hrsg.); Tenorth, Heinz-Elmar (Hrsg): Beruf und Berufsbildung. Situation, Reformperspektiven, Gestaltungsmöglichkeiten. Weinheim u.a.: Beltz, S. 249-272

Faßnacht, Uwe (2020): Lernortkooperation im Dualen System der Berufsausbildung – implizite Normalität und her Entwicklungsbedarf. In: Arnold, Rolf; Lipsmeier, Antonius; Rohs, Matthias (Hrsg.): Handbuch Berufsbildung, 3.Auflage . Springer VS, S. 471-484

Pätzold, Günter (2003): Lernfelder- Lernortkooperation. Neugestaltung beruflicher Bilder. -In: von der Burg, Udo; Höltershinken, Dieter; Pätzold, Günter (Hrsg.): Dortmunder Beiträge zu Pädagogik. Band 30

Zlatkin-Troitschanskaia, Olga (2005): Kooperation zwischen Ausbildungsinstitutionen und Lernorten in der beruflichen Bildung – eine multidisziplinäre Betrachtung – In: Bildungsforschung 2

Bundesinstitut für Berufsbildung: Hintergrund der Neuordnung (2018)
https://www.bibb.de/dienst/berufesuche/de/index_berufesuche.php/profile/apprenticeship/753159 (15.02.2022)

Bundesinstitut für Berufsbildung: Neufassung der VO Berufsausbildung in den industriellen Elektroberufen, Stand: 28.06.2018 https://www.bibb.de/dienst/berufesuche/de/index_berufesuche.php/profile/apprenticeship/753159 (15.02.2022)

Bundesinstitut für Berufsbildung: Rahmenlehrplan Elektroniker/-in für Geräte und Systeme
https://www.bibb.de/dienst/berufesuche/de/index_berufesuche.php/profile/apprenticeship/753159 (15.02.2022)

Zentralverband Elektrotechnik und Elektronikindustrie: Kap. 7.1 Industrie 4.0 relevante Ausbildungsinhalte: Elektroniker/-in für Geräte und Systeme, Stand 16.05.2018
https://www.bibb.de/dienst/berufesuche/de/index_berufesuche.php/profile/apprenticeship/753159 unter Sonstiges (15.02.2022)

BEI GRIN MACHT SICH IHR WISSEN BEZAHLT

- Wir veröffentlichen Ihre Hausarbeit, Bachelor- und Masterarbeit

- Ihr eigenes eBook und Buch - weltweit in allen wichtigen Shops

- Verdienen Sie an jedem Verkauf

Jetzt bei www.GRIN.com hochladen und kostenlos publizieren